GUÍA DE LECTURA

Escrita por Dominique Coutant-Defer
Traducida por Clara Raposo Romero

Charlie y la fábrica de chocolate

de Roald Dahl

Entiende fácilmente la literatura con

ResumenExpress.com

www.resumenexpress.com

ROALD DAHL

ESCRITOR BRITÁNICO

- **Nacido en 1916 en Gales**
- **Fallecido en 1990 en Londres**
- **Sus obras más importantes son:**
  - *Charlie y la fábrica de chocolate* (1964), novela
  - *Las brujas* (1983), novela
  - *Matilda* (1988), novela

Roald Dahl, de padres noruegos, nació en 1916 en Gales. Trabaja en África en una compañía petrolera. Después, se alista en la Royal Air Force durante la Segunda Guerra Mundial. Al principio escribe relatos y novelas para el público adulto, pero, desde que fue padre, se dedica a la literatura juvenil. Hoy en día se le considera uno de los escritores para niños más valorado en el mundo. Sus novelas *Charlie y la fábrica de chocolate*, *Matilda* y *Las brujas* le han valido un enorme éxito y muchas de sus obras han sido adaptadas al cine.

Muere en 1990. Desde entonces, Gran Bretaña organiza cada 13 de septiembre (día del nacimiento del escritor) el «día de Roald Dahl».

CHARLIE Y LA FÁBRICA DE CHOCOLATE

EL PRIMER ÉXITO DE ROALD DAHL

- **Género:** novela juvenil
- **Edición de referencia:** Dahl, Roald. 1993. *Charlie y la fábrica de chocolate*. Traducido por Verónica Head. Madrid: Alfaguara
- **Primera edición:** 1964
- **Temas:** pobreza, glotonería, fantástico, concurso, vicios

La novela juvenil *Charlie y la fábrica de chocolate*, que apareció en 1964, es el primer gran éxito de Roald Dahl. Este relato que parece un cuento relata las aventuras de Charlie Bucker, un niño pequeño que es pobre y ve cómo su vida se transforma al descubrir un billete dorado dentro de una tableta de chocolate. De este modo, podrá conocer al extraño señor Wonka y visitar su famosa fábrica de chocolate.

RESUMEN

EL BILLETE DORADO

El pequeño Charlie Bucker vive en una minúscula casa con sus cuatro abuelos y sus padres. Su padre trabaja en una fábrica de pasta dentífrica, pero su modesto salario no es suficiente para sustentar convenientemente a su familia. La situación empeora cuando unas semanas atrás el padre pierde su trabajo. Charlie pasa hambre, pero «lo que desea [...] más que nada en el mundo es [...] ... CHOCOLATE» (Dahl 1993, 16). Cada cumpleaños, recibe una tableta que le dura un mes. Su suplicio es aún mayor ya que vive cerca de la gigantesca fábrica de chocolate Wonka, que perfuma el ambiente y donde Charlie sueña con entrar, pero el acceso está prohibido.

Por la tarde, el niño escucha las historias de sus abuelos que le tienen mucho cariño. Un día, le comunican que el señor Wonka es un genio del chocolate. Exporta su producción en el mundo entero, abastece a reyes y ha inventado el caramelo que cambia de color en diez segundos. Del mismo modo, les habla de los misteriosos obreros que trabajan en la fábrica, a los que no se ha visto nunca ni entrar ni salir. De hecho, hace mucho tiempo, por miedo a que se hubieran introducido espías, el señor Wonka cerró su fábrica y desapareció. Después la reabrió. La fábrica lleva abierta desde hace diez años, pero sus puertas siempre están cerradas.

Una tarde, el padre de Charlie entra en la casa alzando un periódico con un título en mayúsculas: «La fábrica de chocolate Wonka abrirá sus puertas a los elegidos». El señor Wonka anuncia que permitirá la entrada en la fábrica a las cinco personas que encuentren un billete dorado en una de sus tabletas de chocolate que se venden en el mundo entero. Les iniciará en sus secretos y «recibirán chocolate y caramelos suficientes para durarles ¡toda la vida!» (Dahl 1993, 33). Charlie celebra su cumpleaños a la semana siguiente y desea más que nada en el mundo conseguir un billete dorado, pero no alberga muchas esperanzas.

Cuando la fecha fatídica llega, Charlie desenvuelve la tableta de chocolate delante de su familia, que está muy emocionada pero que le han advertido de todos modos que las posibilidades de encontrar un billete son ínfimas. Sus expectativas se ven desmoronadas. Sin embargo, Charlie quiere compartir la tableta con todos.

LOS CINCO ELEGIDOS

El mundo entero se abalanza sobre las tabletas de chocolate de Willy Wonka y la foto del primer ganador aparece rápidamente en el periódico: se trata de Augustus Gloop, un niño repugnante hinchado de grasa. Unos días más tarde, se da a conocer el segundo ganador: Veruca Salt, una niña caprichosa y mimada cuyo padre compró cientos de miles de tabletas de chocolate.

Dos billetes más son premiados, propagando la histeria colectiva. El primero pertenece a Violet Beauregarde, una niña vanidosa que mastica chicle sin cesar; el segundo es de Mike Tevé, que se pasa el día viendo películas violentas. A la familia de Charlie le repugnan las tonterías de los ganadores. Sólo queda un billete por descubrir.

El invierno se revela riguroso y la familia tiene mucha hambre. Una tarde, el niño encuentra una moneda de cincuenta peniques en la nieve. Decide comprarse una tableta de chocolate, que acaba comiéndose en la tienda. Después compra otra y encuentra el último billete dorado delante del dueño de la tienda que se queda pasmado. Enseguida se forma un grupo de personas y muchos quieren comprarle el billete a cambio de grandes sumas de dinero. Pero el niño prefiere conservarlo.

La felicidad es inmensa en la casa y el abuelo Joe, que no se ha movido de la cama en veinte años, da brincos de alegría. El billete va acompañado de una carta del señor Wonka, prometiéndole al ganador proporcionarle deliciosos comestibles hasta el final de sus días. La visita a la fábrica está prevista para el día siguiente. Loco de contento, Joe será el encargado de acompañar a Charlie, que está autorizado a llevar a un miembro de su familia. Los periodistas invaden la casita.

EL DESCUBRIMIENTO DE LA FÁBRICA DE CHOCOLATE

Al día siguiente, la multitud se agolpa delante de la fábrica de chocolate deseosa de ver a los jóvenes héroes. Charlie destaca entre los demás por su delgadez y porque no lleva abrigo. Después, el señor Wonka, que tiene el aspecto de «de una ardilla por la rapidez de sus movimientos, como una astuta ardillita del parque» (Dahl 1993, 75), abre las pesadas puertas y acoge afectuosamente a los niños, cada uno acompañado por sus padres. Entran en un laberinto de pasillos y llegan por fin ante el recinto del chocolate.

En medio de la sala fluye un gran río de chocolate rodeado de plantas exuberantes hechas de azúcar con menta. Unos extraños hombrecillos examinan a los visitantes. El señor Wonka los presenta como los Oompa-Loompas. Se había traído a toda la tribu de Loompaland, donde se estaban muriendo de hambre y buscaban granos de cacao sin cesar porque tienen un especial gusto por el cacao. Como está acostumbrada a conseguir todo lo que desea, Varuca Salt le pide a su padre inmediatamente un Oompa-Loompa, al mismo tiempo que Augustos Gloop bebe a lengüetazos el chocolate caliente del río. Pero, de pronto, unos tubos sumergidos en el río agarran al niño, para gran desesperación de la madre. El señor Wonka, que disfruta de la escena, promete que no le pasará nada. Sin embargo, al final de la historia, aparece transformado ya que su estancia en el tubo le ha quitado peso. Los hombrecillos que se pasan el día bromeando, entonan un cántico para burlarse de Augustus Gloop y de su glotonería.

El señor Wonka embarca a los niños en su yate personal, fabricado con chucherías de color rosa. Intuye que Charlie y su abuelo se mueren de hambre y les ofrece una taza de chocolate extraído del río.

Al momento llegan a la sala de invenciones, templo de la fábrica de chocolate. Allí descubren, por ejemplo, los caramelos eternos y el *toffe* capilar con el que te crece el pelo. En el centro preside la sala una máquina que distribuye chicles de todos los colores. El señor Wonka acaba de inventar una comida de chicle, capaz de remplazar a una comida normal. Violet Beauregarde lo prueba. Pero al instante cambia de color y se transforma en una gigantesca fruta violeta: acaba de masticar una comida chicle que reemplazaba a un pastel de arándanos. El señor Wonka, fingiendo preocupación, advierte que la invención no está todavía a punto. La conduce a la sala de los zumos para exprimirla. Por desgracia, a la joven se le quedará la cara de color violeta. Los Oompa-Loompas entonan entonces una canción que critica la manía de Violet de comer chicle continuamente.

«Vaya, vaya, vaya [...], hemos perdido a dos niños traviesos» (Dahl 1993, 121), suspira el señor Wonka. El grupo atraviesa entonces una serie de enormes pasillos. El señor Wonka les señala la sala de los caramelos alcohólicos, que vuelven locos a los Oompa-Loompas. Se paran enseguida en la sala de las nueces, donde unas ardillas adiestradas pelan nueces. Por orden de su hija, el padre de Veruca pretende comprarlas para contentarla. La niña intenta atrapar una, pero las ardillas, furiosas, tiran de ella hasta la sala de los desperdicios de donde saldrá totalmente sucia.

El grupo coge el ascensor que los pasea por toda la fábrica. El señor Wonka y los niños entran entonces en la sala de chocolate de televisión que, como un televisor clásico que corta una imagen en miles de trozos, fabrica una multitud de tabletas a partir de una imagen de chocolate que graba una cámara. Mike Tevé, vuelto loco al ver la televisión, se acerca demasiado a la cámara y se encuentra acto seguido desintegrado en mil pedazos que desaparecen en el ambiente.

Acaba recomponiéndose en la pantalla de la televisión y su madre consigue agarrarlo. Sin embargo, el niño se ha vuelto minúsculo. El señor Wonka propone alargarlo con un tubo aspirador que estire al niño. Los Oompa-Loompas hablan de las travesuras de la televisión a través de otra canción.

A partir de ese momento, Charlie es el único niño que queda: el señor Wonka le anuncia que ha ganado y que podrá descubrir el exterior de la fábrica de chocolate. El ascensor atraviesa el techo y Charlie y Joe admiran, maravillados, la ciudad desde las alturas. Atisban a los otros niños y a sus padres en las puertas de la entrada. El señor Wonka le comunica a Charlie que va a legarle su fábrica cuando sea mayor. Hasta entonces, lo iniciará en los secretos de la fabricación del chocolate y toda su familia podrá vivir en la fábrica.

ESTUDIO DE LOS PERSONAJES

CHARLIE BUCKET

Es un niño pequeño enclenque, de nariz puntiaguda, que vive con sus padres y sus cuatro abuelos en una casita a punto de caerse. A menudo pasan hambre pero se llevan de maravilla y son solidarios incluso ante la adversidad. Charlie mantiene una relación privilegiada con su abuelo Joe, que le acompaña a la fábrica de chocolate. Cuando Charlie descubre el billete dorado, la vida de la familia cambia y le espera un futuro mucho más cómodo.

WILLY WONKA

El señor Wonka es el jefe de la fábrica de chocolate. Joe, el abuelo de Charlie, lo considera un genio. Es un hombrecillo bastante mayor, de ojos vivos y con barbilla puntiaguda. Lleva un sombrero de copa y todo su atuendo es excéntrico. Prepara continuamente nuevas invenciones a base de chocolate. Su carácter astuto le permite darse cuenta rápidamente de que Charlie es el único niño que merece su atención y se divierte castigando a los otros por sus debilidades. Rodeado de curiosos Oompa-Loompas, el señor Wonka presenta todos los rasgos del mago burlón que actúa para hacer feliz a los niños que lo merecen.

AUGUSTUS GLOOP

Augustus Gloop es un niño tan gordo que «parec[e] haber sido hinchado con un poderoso inflador» (Dahl 1993, 35).

Es el primer niño que descubre el billete dorado. A pesar de estar obeso, se pasa el día comiendo, pero su madre piensa que es mejor eso que jugar a las pistolitas. Su glotonería será castigada durante la visita a la fábrica.

VARUCA SALT

Es una niña caprichosa que consigue siempre todo lo que pide a sus padres, que la miman demasiado. Su padre no duda en comprarle cientos de miles de tabletas de chocolate para aumentar sus posibilidades de encontrar un billete dorado. Será castigada por las ardillas, que la niña pidió al padre que comprara.

VIOLET BEAUREGARDE

Violet Beauregarde siempre tiene un chicle en la boca. Por su carácter pretencioso le encanta atraer la atención de los demás. La abuela de Charlie piensa que es una niña insoportable. Acaba transformándose en una enorme bola violeta después de haber comido demasiado chicle de arándano.

MIKE TEVÉ

Mike Tevé es un apasionado de la televisión y pasa casi todo su tiempo delante del televisor. Siente una especial predilección por los espectáculos violentos. Se desintegrará al quedar hipnotizado por el «chocolate de televisión» que inventó el señor Wonka.

CLAVES DE LECTURA

ESQUEMA ACTANCIAL

Emisor: el descubrimiento de un billete dorado en una tableta de chocolate.

Objeto: pasar hambre todos los días.

Destinatario: su familia y él mismo.

Héroe: Charlie Bucker, un niño pobre.

Ayudantes: el señor Wonka, su familia.

Adversarios: la situación económica de su padre y la mala suerte al comienzo del relato.

ESQUEMA NARRATIVO

Situación inicial: es el comienzo de la historia, el momento en que se plantea el contexto y donde se presentan los personajes; la situación está en orden, es decir, no hay ninguna razón para que cambien.

- La familia de Charlie Bucker se lamenta de su triste condición.

Elemento perturbador: es un acontecimiento que altera la situación inicial y que da a lugar a la historia propiamente dicha.

- Descubren que el señor Wonka, propietario de la fábrica de chocolate de la ciudad, está organizando un concurso que tiene como premio la visita de la misteriosa fábrica. Para ello tienen que encontrar uno de los cinco billetes dorados repartidos en tabletas que se venden en el mundo entero.

Peripecias: son los acontecimientos que provoca el elemento perturbador y que conlleva la o las acciones emprendidas por el héroe que tienen como fin resolver el problema.

- Charlie encuentra un billete dorado. Los vencedores visitan la fábrica de chocolate donde el señor Wonka les enseña sus invenciones. Los cuatro niños, cada cual más insoportable, serán castigados por sus debilidades.

Desenlace: pone fin a las peripecias y conduce a la situación final.

- Willy Wonka se da cuenta de que el único niño agradable y que se merezca ganar es Charlie.

Situación final: es el final de historia. La situación recupera su estabilidad como en la situación inicial, pero sufre una serie de cambios.

- El señor Wonka lega su fábrica a Charlie, iniciándolo en los secretos de la fabricación hasta que tenga la edad permitida.

UNA NOVELA JUVENIL

Además de los cuentos tradicionales para niños como los de los hermanos Grimm (lingüistas, filósofos y recopiladores de cuentos: Jacob, 1785-1863; Wilhelm, 1786-1859) o los de Perrault (escritor francés, 1628-1703), los jóvenes lectores tienen a su disposición obras específicas: se trata de la literatura juvenil. Este tipo de obra se ha desarrollado considerablemente desde la mitad del siglo XIX, cuando aparecieron libros como *Oliver Twist* de Charles Dickens (escritor inglés, 1812-1870) o *Sin familia* de Hector Malot (escritor francés, 1830-1907), concebidos para los más jóvenes.

- La literatura juvenil presenta las siguientes características que también podemos encontrar en
- *Charlie y la fábrica de chocolate*:
- el relato se centra en uno o varios niños. En *Charlie y la fábrica de chocolate*, la atención de los niños se centra en Charlie y los otros niños que poseen el billete dorado;
- como los personajes principales son niños, los jóvenes lectores pueden verse identificados en ellos ya que han experimentado situaciones similares;
- se abordan temas propios de la literatura infantil, como por ejemplo la vida familiar: el
- pequeño Charlie vive en una familia de siete personas a la que el padre apenas puede
- mantener; pero todos los miembros, solidarios en los malos momentos, están muy unidos por el amor y la solidaridad, con la que hacen frente a la adversidad a la espera de días mejores. El autor aborda también el tema de la glotonería de los niños: Charlie está embriagado por

el olor a chocolate que se expande en toda la ciudad y, por ello, la única tableta de chocolate que recibe por su cumpleaños le dura un mes. Los ganadores del concurso que organiza Willy Wonka pueden visitar la fábrica y su extraño propietario le promete toneladas de golosinas tras la visita. El lugar prohibido (en esta caso, la fábrica), en el que se acaba entrando rápidamente, es también un tema muy frecuente en la literatura juvenil;

- asimismo, el relato se asemeja también a un cuento maravilloso. Como en este tipo de cuentos, los personajes se reparten de manera sistemática entre buenos y malos. Charlie y su familia son buenos y honestos a pesar de su pobreza; los otros niños son engreídos y sus padres animan sus defectos. Por otro lado, las fechas y los lugares son a menudo imprecisos: no se sabe con seguridad dónde y a qué época pertenecen los personajes, y el concurso que organiza Willy Wonka convoca al mundo entero. El autor habla de «ciudades lejanas» para situar a los felices ganadores. Del mismo modo, encontramos en el relato seres fabulosos, como Willy Wonka, que es el mago perfecto (es el autor de increíbles invenciones, como los caramelos eternos) o los extraños Oompa-Loompas que trabajan con él. También advertimos la presencia de objetos mágicos, tales como el ascensor o el televisor de extraños poderes. Por último, la función educativa, típica de los cuentos, también tiene su lugar en *Charlie y la fábrica de chocolate*: la sensatez de Charlie se ve recompensada mientras que los otros son castigados por su mal comportamiento. De hecho, de este tipo de relato se extrae con frecuencia una lección de moral, una moraleja, destinada al público joven que podrá encontrar

en ella respuestas a sus angustias y a sus preocupaciones;
* el estilo de la escritura atrae al público joven. La lengua es simple, los diálogos son numerosos y la novela, que es relativamente larga, se divide en capítulos cortos para evitar que los jóvenes se aburran. También contribuye a ello las ilustraciones que dan color al texto.

PARA IR MÁS ALLÁ

EDICIÓN DE REFERENCIA

- Dahl, Roald. 1993. *Charlie y la fábrica de chocolate*. Traducido por Verónica Head. Madrid: Alfaguara.

EN RESUMENEXPRESS.COM

- Guía de lectura de *Matilda* de Roald Dahl.

ResumenExpress.com